ANGLETERRE ET GASTRONOMIE NE SONT PAS ANTINOMIQUES, BIEN AU CONTRAIRE !	4
FULL ENGLISH BREAKFAST	6
ENGLISH MUFFINS	8
PORRIDGE	10
SCONES	12
CRUMPETS	14
SOUPE DE BROCOLI AU STILTON	18
SCOTCH EGGS	20
SANDWICH PLOUGHMAN	22
FISH & CHIPS	24
PORK PIE	26
WELSH RAREBIT	28
VEGGIE PIE AUX LENTILLES CORAIL, PATATE DOUCE ET AUBERGINE	30
WRAPS AU POULET CURRY ET COLESLAW	32
CORNISH PASTIES	34
COLCANNON	36
CHICKEN TIKKA MASALA	38
GUINNESS® BEEF STEW	40
LONDON PARTICULAR	44
SHEPHERD'S PIE	45
TOAD IN THE HOLE	46
SUNDAY ROAST LAMB, MINT SAUCE & YORKSHIRE PUDDINGS	48
TEA TIME SANDWICHES	52
CAKE À LA BANANE ET AU GINGEMBRE	54
SHORTBREADS	56
LEMON DRIZZLE CAKE	58
VICTORIA SPONGE CUPCAKES	60
CARROT CAKE	62
ETON MESS	64
BAKEWELL TART	66
TRIFLE	68
PIMM'S CUP	70

ANGLETERRE ET GASTRONOMIE NE SONT PAS ANTINOMIQUES, BIEN AU CONTRAIRE !

On peut très bien manger en Angleterre, et plus particulièrement à Londres, où la variété et la créativité sont de mise. Londres est même, selon certains, devenue la capitale gastronomique du monde.

À l'instar de la France où l'on redécouvre l'art de cuisiner et de choisir de bons produits, le Royaume-Uni réinvestit son terroir, ses produits locaux, et s'enorgueillit des traditions culinaires de ses nombreuses régions. Ainsi, sur les marchés branchés de la capitale, on déguste aujourd'hui des *scotch eggs*, du cheddar et de l'anguille en gelée, ainsi que des tourtes aux légumes et des falafels, car le végétarisme est également une tendance forte de la nouvelle cuisine anglaise.

Londres, grâce à l'émergence de jeunes chefs talentueux, propose désormais autre chose que du *fish and chips* et de la *jelly* qui blobote. Elle est riche d'influences du monde entier, de son histoire avec le continent asiatique, notamment avec la Chine et l'Inde (le plat préféré des Anglais étant désormais… le curry !), mais aussi du petit grain de folie qui caractérise les Anglais.

FULL ENGLISH BREAKFAST

Pour 4 personnes

Préparation : 20 min
Cuisson : 30 à 40 min

- un peu d'huile d'arachide
- 4 saucisses de porc de bonne qualité (si elles sont petites, en prévoir 2 par personne)
- 12 fines tranches de lard
- 2 grosses tomates
- 12 gros champignons de Paris
- un peu de beurre
- 415 g de haricots à la tomate en conserve
- 4 œufs bio
- 8 tranches de pain de mie blanc ou complet
- sel et poivre du moulin

Préchauffez le four à 210 °C (therm. 7).

Faites chauffer un peu d'huile dans une poêle. Ajoutez les saucisses et faites-les cuire environ 10 minutes en les retournant pendant la cuisson.

Mettez les tranches de lard sur la plaque du four et enfournez pour 15 minutes.

Lavez et coupez les tomates en deux, lavez les champignons et supprimez les pieds. Faites dorer de 5 à 10 minutes les tomates et les champignons dans une poêle avec un peu de beurre.

Faites chauffer les haricots à la tomate dans une petite casserole, à feu doux.

Retirez les saucisses de la poêle et faites cuire les œufs en miroir ou brouillés selon votre goût.

Toastez le pain et faites bouillir de l'eau pour le thé.

Servez tous les ingrédients ensemble avec les tranches de pain et du thé.

*Le petit déjeuner traditionnel anglais est une institution.
Il existe même un club très sérieux qui milite pour que l'on érige
ce plat au rang de « plat national » et fait campagne
auprès du Parlement anglais pour que lui soit attribué
un label de qualité national.*

ENGLISH MUFFINS

Pour 10 muffins environ

Préparation : 25 min • Repos : 1 h 45 • Cuisson : 20 min

• 25 cl de lait entier • 1 cuill. à soupe de sucre en poudre
• 1 sachet de levure sèche de boulanger
• 450 g de farine • 1 cuill. à soupe de sel
• 30 g de semoule très fine • 25 g de beurre

Faites chauffer le lait et 5 cl d'eau dans une casserole à feu doux, jusqu'à ce qu'ils soient tièdes. Versez ce liquide dans un bol et ajoutez le sucre et la levure. Mélangez, couvrez d'un linge propre et réservez dans un endroit chaud pendant 15 minutes.

Tamisez la farine dans un grand saladier et mélangez-la avec le sel. Faites un puits au centre et versez-y le mélange de levure et de lait. Remuez et formez une boule (si la pâte est trop sèche, versez un peu d'eau, et si elle est trop liquide, ajoutez de la farine). Farinez légèrement le plan de travail et pétrissez la pâte environ 10 minutes, jusqu'à ce qu'elle soit bien souple.

Mettez la boule de pâte dans un saladier, couvrez et laissez-la lever dans un endroit chaud pendant 1 heure (il faut qu'elle double de volume).

Sur le plan de travail fariné, étalez la pâte sur une épaisseur de 1 cm et découpez des disques avec un emporte-pièce de 7 cm de diamètre. Placez ces disques de pâte sur une plaque farinée et parsemez de semoule fine. Laissez la pâte lever pendant encore 30 minutes.

Faites chauffer le beurre dans une poêle à feu moyen et mettez les muffins à chauffer environ 5 minutes sur chaque face.

Le porridge est, en quelque sorte, la version raisonnable du petit déjeuner anglais… En effet, il est constitué traditionnellement de flocons d'avoine cuits dans du lait ou de l'eau, agrémentés de fruits frais et secs, il est donc sain et rassasiant. Ici, une version gourmande avec du lait d'amande, du sirop d'érable et des fruits pochés au sirop !

PORRIDGE

Pour 2 personnes
Préparation : 10 min • Cuisson : 15 à 20 min

• 50 cl de lait d'amande • 130 g de flocons d'avoine (au rayon bio des supermarchés ou dans les épiceries bio)
• 2 cuill. à soupe de cassonade • 4 cuill. à soupe de sirop d'érable
• 100 g de fruits secs de votre choix
(amandes, pistaches non salées, noisettes...)

Pour les fruits pochés :
• 200 g de quetsches (ou de pommes, de poires, de pêches, d'abricots...) • 100 g de sucre en poudre
• 1 gousse de vanille

Portez légèrement le lait d'amande à ébullition dans une casserole et ajoutez les flocons d'avoine et la cassonade. Réduisez le feu, couvrez et laissez cuire à feu très doux pendant 8 à 10 minutes. Remuez régulièrement pendant la cuisson.

Pendant ce temps, mettez les fruits frais dans une casserole avec le sucre et la gousse de vanille fendue en deux, et laissez cuire à feu doux pendant 10 minutes, jusqu'à ce que les fruits soient mous.

Versez le porridge dans des bols ou des assiettes creuses, ajoutez le sirop d'érable, les fruits pochés au sirop et les fruits secs.

SCONES

Pour 12 scones environ

Préparation : 15 min
Cuisson : 15 à 20 min

- 500 g de farine
- 2 cuill. à soupe de sucre en poudre
- 2 cuill. à soupe de levure chimique
- 1 cuill. à café de sel
- 110 g de beurre
- 30 cl de lait entier
- 1 œuf

Préchauffez le four à 200 °C (therm. 6-7).

Tamisez la farine au-dessus d'un saladier. Ajoutez le sucre, la levure et le sel.

Coupez le beurre en petits morceaux et incorporez-le dans la préparation en sablant légèrement la pâte du bout des doigts.

Ajoutez le lait au centre de cette pâte et mélangez tous les ingrédients à la fourchette, puis terminez à la main pour former une boule homogène. La pâte ne doit pas être collante ; le cas échéant, ajoutez un peu de farine (et inversement, si elle est trop sèche, versez un peu plus de lait).

Sur le plan de travail fariné, étalez la pâte au rouleau sur 3 cm. À l'aide d'un emporte-pièce rond (ou d'un petit verre) d'environ 5 cm de diamètre, découpez des disques de pâte, déposez-les sur la plaque du four couverte de papier sulfurisé.

Battez l'œuf en omelette et badigeonnez-en les scones au pinceau.

Mettez au four pour 15 à 20 minutes, jusqu'à ce qu'ils soient dorés.

CONSEIL : Mangez-les encore tièdes, ils sont bien meilleurs.

LEMON CURD

Dans un saladier battez 3 œufs avec 100 g de sucre en poudre. Prélevez le zeste et le jus de 2 citrons et ajoutez-les ainsi que 1 cuillerée à soupe de fécule de maïs.

Versez cette préparation dans une casserole et ajoutez 30 g de beurre en petits morceaux. Faites cuire 5 minutes environ sur feu doux sans cesser de remuer, jusqu'à épaississement.

Laissez refroidir avant de déguster.

CRUMPETS

Pour 5 ou 6 crumpets

Préparation : 10 min • Repos : 1 h • Cuisson : 15 min environ

- 28 cl de lait entier • 1 cuill. à café de sucre en poudre
- 1 sachet de levure sèche de boulanger
- 225 g de farine • 1 cuill. à café de sel

Faites chauffer le lait et 5 cl d'eau dans une petite casserole. Lorsque le liquide est tiède, versez-le dans un saladier, ajoutez le sucre et la levure. Laissez reposer 15 minutes dans un endroit chaud.

Mélangez la farine et le sel dans un grand bol, faites un puits au centre, puis ajoutez le mélange précédent. Mélangez l'ensemble avec une cuillère en bois, puis fouettez au fouet manuel afin d'obtenir une pâte lisse. Couvrez d'un linge propre et laissez reposer dans un endroit chaud 45 minutes.

Beurrez des cercles d'environ 9 cm de diamètre et disposez-les dans une poêle bien chaude. Versez une petite louche de pâte aux deux tiers dans chaque cercle.

Baissez le feu et laissez cuire doucement environ 10 minutes, jusqu'à ce que le dessus soit sec et que l'on aperçoive des petits trous se former. Enlevez les cercles. Retournez les crumpets avec une spatule et laissez-les cuire encore 2 ou 3 minutes, jusqu'à ce qu'ils soient bien dorés.

CONSEIL : Au moment de la cuisson des crumpets, évitez de trop mélanger la pâte.

La pâte à crumpets étant plus liquide que celle des muffins et le crumpet plus épais, il est indispensable pour cette recette de procéder à la cuisson dans des cercles en Inox (d'environ 9 cm de diamètre).

SOUPE DE BROCOLI
au stilton

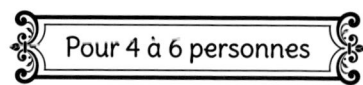
Pour 4 à 6 personnes

Préparation : 15 min • Cuisson : 25 min environ

• 1 oignon • 1 pomme de terre • 2 brocolis
• 3 cuill. à soupe d'huile d'olive • 25 g de beurre
• 1,5 l de bouillon de volaille • 100 g de stilton
• 100 g de crème fraîche entière
• brins de persil • sel et poivre du moulin

Épluchez et émincez l'oignon, pelez et découpez la pomme de terre en dés, lavez et détaillez les brocolis en fleurettes.

Dans une casserole à fond épais, faites chauffer l'huile. Ajoutez le beurre, l'oignon émincé et la pomme de terre en dés. Laissez sur feu moyen pendant 5 minutes en remuant régulièrement afin que les légumes n'attachent pas.

Versez le bouillon de volaille, portez à petite ébullition, salez et poivrez, couvrez et laissez mijoter à feu doux pendant 10 minutes.

Ajoutez les fleurettes de brocoli et laissez sur feu doux 5 minutes supplémentaires.

Mixez la soupe hors du feu et incorporez le stilton émietté.

Remettez sur feu doux de 3 à 5 minutes, puis servez en ajoutant 1 cuillerée de crème fraîche par assiette et en parsemant de persil.

SCOTCH eggs

Pour 4 personnes

Préparation : 20 min
Cuisson : 15 min environ
Repos : 2 h 30

- 4 œufs moyens + 2 œufs pour la panure
- 450 g de chair à saucisse
- 300 g de chapelure
- huile de friture
- sel et poivre du moulin

Portez une casserole d'eau à légère ébullition et plongez-y délicatement les œufs. Faites-les cuire 8 minutes, puis égouttez-les sous l'eau froide. Écalez-les ensuite très délicatement.

Salez et poivrez la chair à saucisse, puis divisez-la en 4 boules. Sur un carré de film alimentaire, étalez, avec les mains humides, une boule de farce.

Posez le premier œuf au centre de la farce, ramenez la farce autour à l'aide du film alimentaire et fermez celui-ci en haut de l'œuf pour que la chair à saucisse adhère bien à l'œuf. Répétez l'opération avec les 3 œufs restants.

Déposez les œufs sur une assiette et mettez-les au frais pendant 2 heures.

Versez ensuite la chapelure dans une assiette plate. Dans un bol, battez les 2 œufs pour la panure. Trempez les œufs durs dans les œufs battus, puis dans la chapelure. Remettez-les au frais 30 minutes, puis renouvelez l'opération.

Chauffez l'huile de friture à 160 °C, plongez les œufs dans l'huile pendant 5 à 7 minutes, puis égouttez-les sur du papier absorbant.

Ces œufs peuvent être mangés tièdes ou froids.

À l'origine le ploughman's lunch, *ou repas du laboureur, est un repas froid dont les principaux ingrédients sont le pain, le fromage, des pickles et éventuellement de la viande froide (pork pie, par exemple). Vous trouverez ici sa version moderne et urbaine sous forme de sandwich, mais* le ploughman's lunch *est un incontournable des pubs anglais traditionnels.*

SANDWICH
ploughman

Pour 4 personnes

Préparation : 10 min
Cuisson : 10 min environ

• 1 gros oignon rouge • 1 cuill. à soupe d'huile d'olive
• 6 cuill. à soupe de vinaigre balsamique • 20 g de beurre mou
• 8 tranches de pain aux céréales
• quelques feuilles de laitue iceberg
• 250 g de cheddar
• sel et poivre du moulin

Pelez et émincez l'oignon rouge en fines tranches. Faites chauffer l'huile d'olive dans une petite casserole et ajoutez-y les oignons. Laissez cuire sur feu doux 3 minutes. Dès que les oignons ont ramolli, ajoutez le vinaigre balsamique, salez, poivrez et laissez compoter à feu très doux pendant 5 à 8 minutes.

Pendant ce temps, beurrez les tranches de pain et recouvrez la moitié de laitue, puis d'une ou deux tranches de cheddar assez épaisse.

Retirez les oignons du feu dès qu'ils sont bien tendres et disposez-les sur les tranches de cheddar. Recouvrez de la deuxième tranche de pain et *enjoy* !

FISH & CHIPS

Pour 4 personnes

Préparation : 30 min
Cuisson : 15 min

- 1 kg de pommes de terre bintje
- huile d'arachide
- 1 œuf
- 150 g de farine
- 20 cl de bière
- 500 g de poisson blanc (cabillaud, merlan, lieu jaune)
- fleur de sel
- vinaigre de malt (ou vinaigre de xérès ou de cidre)

Pelez et coupez les pommes de terre en frites épaisses. Faites-les frire dans un premier bain d'huile à 160 °C pendant 5 minutes. Égouttez-les et réservez-les sur du papier absorbant.

Dans un saladier, mélangez le jaune d'œuf avec la farine et la bière. Dans un autre saladier, battez le blanc d'œuf en neige assez ferme et incorporez-le délicatement à la pâte.

Coupez le poisson en gros pavés.

Chauffez l'huile de friture à 180 °C et plongez-y de nouveau les frites jusqu'à ce qu'elles soient bien dorées. Retirez-les avant de mettre le poisson dans la friture.

Passez les morceaux de poisson dans la pâte à frire et plongez-les dans l'huile bouillante pendant 5 minutes en les retournant.

Égouttez-les et servez-les avec les frites, de la fleur de sel et du vinaigre de malt.

*INCONTOURNABLE,
c'est la première recette à laquelle on pense
quand on parle de « gastronomie » anglaise.
Il y a des fish & chips calamiteux
qui décourageraient même un Anglais affamé,
mais réalisée dans les règles de l'art
et avec de bons produits, cette recette
est délicieuse ! Le plus dur pour
vous sera de trouver du vinaigre de malt…*

PORK PIE

Pour 4 à 6 personnes

Préparation : 30 min
Cuisson : 1 h 15
Repos : 4 h

- 500 g d'échine de porc
- 200 g de poitrine de porc
- 150 g de bacon
- 1 petit bouquet de thym
- environ 10 feuilles de sauge
- 2 pincées de noix de muscade
- 2 rouleaux de pâte brisée prête à l'emploi
- 1 jaune d'œuf
- sel et poivre du moulin

Coupez la moitié de l'échine de porc et de la poitrine en petits dés d'environ 1 cm de côté. Mettez le reste dans un hachoir et mixez cette viande.

Coupez le bacon en petites lamelles.

Effeuillez le thym, ajoutez-le avec les feuilles de sauge, la noix de muscade, du sel et du poivre dans le hachoir et mixez de nouveau.

Mélangez la viande hachée avec les dès de viande et le bacon.

Préchauffez le four à 180 °C (therm. 6).

Dans un plat à tourte beurré et fariné, disposez 1 pâte brisée et mettez l'ensemble de la viande par-dessus.

Recouvrez avec l'autre rouleau de pâte brisée en scellant les bords des 2 pâtes avec les doigts. Coupez la pâte qui dépasse du plat.

Battez le jaune d'œuf à la fourchette dans un bol et étalez-le au pinceau sur le dessus de la tourte. Faites un petit trou dans la pâte (sur le dessus de la tourte), dans lequel vous glisserez une petite cheminée en papier sulfurisé.

Enfournez pour 30 minutes, puis baissez le thermostat à 160 °C (therm. 5-6) et laissez cuire encore 45 minutes.

Dégustez cette tourte froide avec une salade.

ASTUCE : Si le dessus de la tourte devient trop doré, vous pouvez la couvrir d'une feuille d'aluminium.

Ce classique d'origine galloise est très souvent proposé dans les pubs, avec des pickles d'oignons dont l'acidité se marie très bien avec le cheddar… Et une bière, of course !

WELSH RAREBIT

Pour 4 personnes

Préparation : 10 min
Cuisson : 15 min

- 20 g de beurre • 2 cuill. à soupe de farine
- 1 cuill. à café de moutarde
- 1 cuill. à café de sauce Worcestershire
- 20 cl de bière • 225 g de cheddar
- 4 tranches épaisses de pain de campagne
- sel et poivre du moulin

Préchauffez le four à 240 °C (therm. 8).

Dans une petite casserole, faites fondre le beurre et ajoutez la farine. Mélangez au fouet pendant 2 minutes, en faisant attention à ce que le mélange ne brunisse pas trop.

Ajoutez la moutarde, la sauce Worcestershire, salez et poivrez. Versez la bière et fouettez l'ensemble pour bien mélanger. Râpez le cheddar, puis incorporez-le petit à petit dans la casserole.

Continuez à remuer sur feu doux pendant environ 5 minutes, jusqu'à ce que le tout soit bien homogène.

Toastez les tranches de pain et répartissez le fromage fondu dessus. Passez-les sous le gril du four pendant 3 minutes en les surveillant.

Servez immédiatement.

 VEGGIE PIE
aux lentilles corail, patate douce et aubergine

Pour 4 personnes

Préparation : 30 min
Cuisson : 55 min environ

- 100 g de lentilles corail
- 1 grosse patate douce
- 1 grosse aubergine
- 1 filet d'huile d'olive
- fleur de sel
- 2 cuill. à soupe de crème fraîche épaisse
- le jus de 1/2 citron
- 2 rouleaux de pâte feuilletée prête à l'emploi
- 1 œuf
- sel et poivre du moulin

Préchauffez le four à 210 °C (therm. 7).

Faites cuire les lentilles corail dans une casserole d'eau pendant 20 minutes.

Dans le même temps, faites cuire la patate douce dans de l'eau pendant 20 à 25 minutes (vérifiez la cuisson avec la pointe d'un couteau), égouttez-la et épluchez-la.

Lavez l'aubergine et coupez-la en deux dans le sens de la longueur, arrosez-la d'huile d'olive et de fleur de sel, et mettez-la au four pour 25 minutes.

Égouttez les lentilles et mixez-les avec la patate douce, ajoutez la crème fraîche, du sel et un peu de poivre.

Une fois l'aubergine cuite, sortez-la du four, coupez-la grossièrement en morceaux et arrosez de jus de citron.

Étalez 1 rouleau de pâte feuilletée dans un plat allant au four. Mettez une première couche de la moitié du mélange patate douce-lentilles, ajoutez les aubergines et recouvrez du reste du mélange.

Recouvrez le tout avec le second rouleau de pâte feuilletée et scellez les 2 pâtes avec les doigts en appuyant légèrement (le plat ne doit pas être trop haut).

Dorez la surface de la tourte avec l'œuf battu et mettez au four à 180 °C (therm. 6) pour 25 minutes.

À NOTER : Cette pie peut également être déclinée en petites tourtes individuelles et servie avec une salade.

WRAPS
au poulet curry et coleslaw

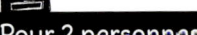

Pour 2 personnes

Préparation : 15 min
Marinade : 30 min
Repos : 1 h
Cuisson : 15 à 20 min

- 2 escalopes de poulet
- 2 cuill. à café de curry en poudre
- 1 cuill. à café de gingembre en poudre
- 1 cuill. à soupe de jus de citron vert
- un peu de beurre
- 2 tranches de pain indien chapati (ou de pain pita ou de pain de mie blanc)

Pour le coleslaw :
- 150 g de chou blanc
- 1 grosse carotte
- 1 cuill. à café de moutarde forte
- 2 cuill. à soupe de mayonnaise
- 1 cuill. à café de vinaigre de cidre
- 1/2 cuill. à café de sucre en poudre
- 1 pincée de sel

Coupez les escalopes de poulet en fines lanières.

Dans un bol, mélangez les épices et le jus de citron, et mettez le poulet à mariner dans ce mélange pendant 30 minutes.

Préchauffez le four à 200 °C (therm. 6-7).

Préparez le coleslaw. Râpez le chou. Épluchez la carotte et râpez-la. Dans un saladier, mélangez la moutarde, la mayonnaise, le vinaigre, le sucre et le sel. Ajoutez les légumes râpés, mélangez et réservez 1 heure au frais.

Mettez le poulet dans un plat allant au four et faites-le cuire de 15 à 20 minutes.

Dans une poêle légèrement beurrée, faites chauffer le pain indien pendant quelques minutes. Déposez dans le pain de la salade de chou et de carotte, puis des tranches de poulet au curry.

Dégustez les wraps tièdes ou froids.

CORNISH PASTIES

Pour 4 chaussons

Préparation : 15 min
Cuisson : 40 min

- 1 grosse pomme de terre
- 2 navets
- 1 oignon
- 170 g de faux-filet
- 2 cuill. à soupe de sauce Worcestershire
- 3 cuill. à soupe de bouillon de bœuf
- 2 rouleaux de pâte brisée prête à l'emploi
- 1 œuf
- sel et poivre du moulin

Préchauffez le four à 210 °C (therm. 7).

Épluchez les légumes et coupez-les ainsi que la viande en petits dés, puis placez-les dans un grand bol.

Mélangez avec la sauce Worcestershire et le bouillon, salez et poivrez.

Découpez 4 disques de pâte brisée à l'aide d'une assiette à dessert. Répartissez le mélange de viande et de légumes sur les 4 disques de pâte. Repliez la moitié du disque de pâte sur l'autre moitié en appuyant sur les bords avec les doigts et en prenant soin de ne pas trouer la pâte avec la farce.

Badigeonnez les chaussons d'œuf battu. Placez-les sur une plaque couverte de papier sulfurisé et enfournez pour 15 minutes. Réduisez ensuite la température à 180 °C (therm. 6) et laissez-les dans le four 25 minutes supplémentaires, jusqu'à ce que les cornish pasties soient bien dorées.

COLCANNON

Pour 4 personnes

Préparation : 10 min
Cuisson : 20 à 25 min

- 450 g de pommes de terre farineuses bintje ou manon
- 15 cl de crème liquide
- 50 g de beurre
- 1/2 petit chou vert (environ 300 g)
- 6 petits oignons nouveaux
- sel et poivre du moulin

Épluchez les pommes de terre et faites-les cuire dans un grand volume d'eau pendant 15 à 20 minutes. Égouttez-les et écrasez-les dans un saladier avec un presse-purée ou à la fourchette. Ajoutez la crème et le beurre, mélangez bien. Gardez au chaud.

Coupez le chou en fines lanières et plongez-les dans de l'eau bouillante salée pendant 5 minutes. Égouttez-les et mélangez-les à l'écrasée de pommes de terre.

Coupez finement les oignons nouveaux et ajoutez-les. Salez et poivrez.

Servez tiède.

Ce plat d'origine irlandaise, délicieux et économique, est servi toute l'année. Mais le jour d'Halloween, on y cache une pièce de monnaie, celui qui trouve la pièce sera chanceux pendant un an !

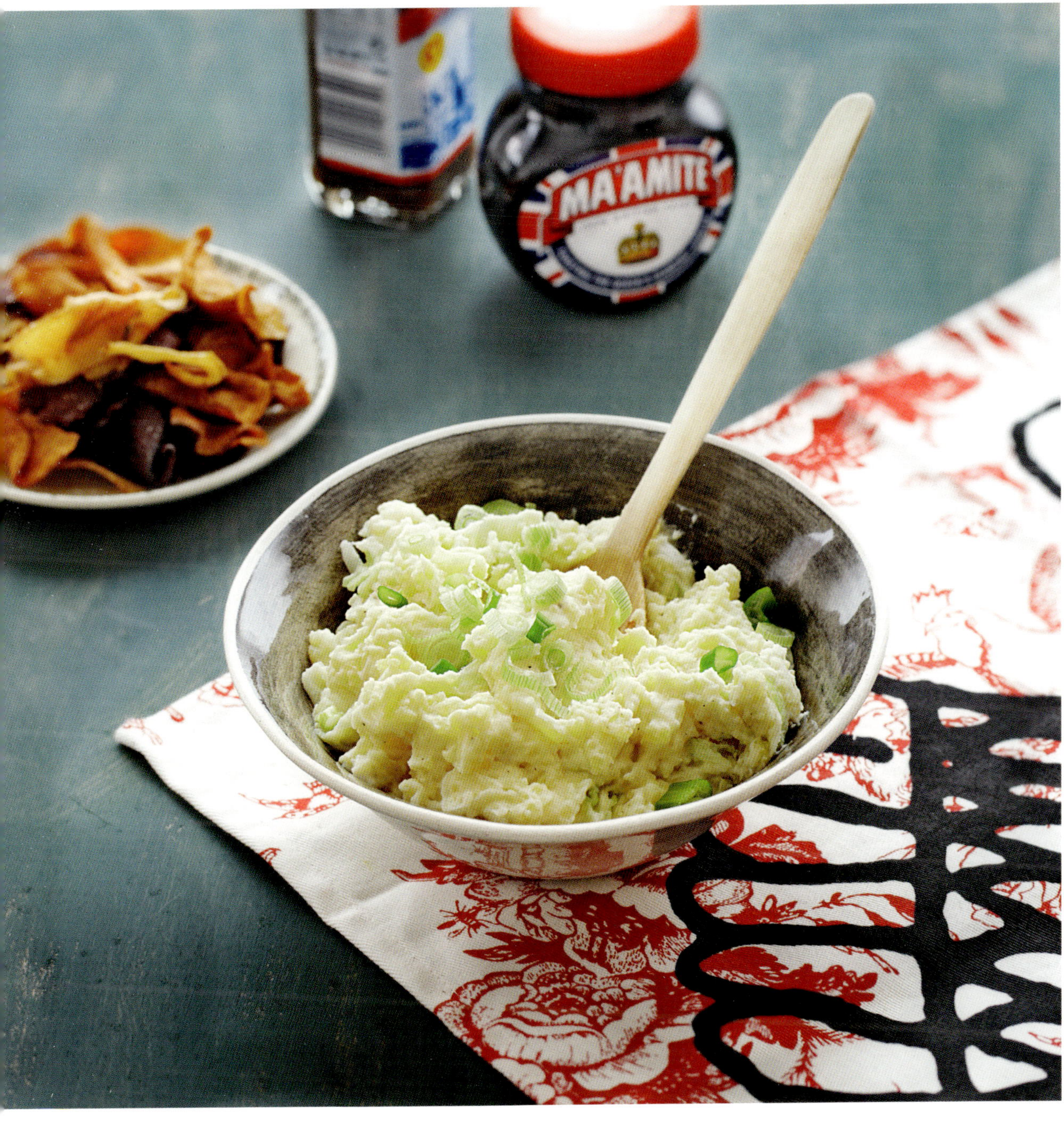
MA'AMITE

CHICKEN
tikka masala

Pour 4 personnes

Préparation : 30 min
Marinade : 1 h
Cuisson : 40 min

- 500 g de blancs de poulet
- 200 g de yaourt brassé nature
- 1 cuill. à soupe de paprika en poudre
- 2 cuill. à soupe de garam masala
- 1 pincée de piment doux en poudre
- 4 gousses d'ail
- un peu de beurre
- 2 oignons
- 2 cuill. à soupe de concentré de tomates
- 200 g de tomates pelées en conserve
- 10 cl de crème liquide
- sel

Coupez le poulet en morceaux.

Dans un bol, mélangez le yaourt avec la moitié des épices et l'ail pilé. Enduisez le poulet de cette préparation et laissez mariner au réfrigérateur pendant 1 heure.

Faites fondre le beurre dans un fait-tout, épluchez et émincez les oignons, et ajoutez-les avec le reste des épices.

Laissez cuire à feu doux 10 minutes, puis ajoutez le concentré de tomates et les tomates pelées, salez. Laissez mijoter sans couvrir pendant encore 10 minutes, puis ôtez du feu.

Préchauffez le four à 210 °C (therm. 7).

Faites cuire le poulet mariné au four pendant 10 minutes en le retournant régulièrement.

Ajoutez la crème dans la sauce à la tomate, remettez sur le feu et, dès l'ébullition, mettez les morceaux de poulet.

Laissez encore mijoter 10 minutes à feu plus doux.

Servez avec du riz.

À NOTER : Le garam masala est un mélange d'épices en poudre que vous pouvez trouver facilement au rayon épices de votre supermarché ou dans les épiceries bio.

Comme la cuisine irlandaise ou écossaise, la cuisine indienne est intégrée au patrimoine culinaire anglais. À Londres, on mange de plus en plus international, mais les saveurs de l'Inde font vraiment partie du quotidien des Anglais, que ce soit dans les grandes chaînes de supermarchés, où l'on peut acheter des plats préparés indiens, dans les restaurants, ou dans les échoppes de nourriture à emporter. Le poulet tikka masala est un des plats les plus populaires.

GUINNESS® BEEF STEW

Pour 4 à 6 personnes
Préparation : 15 min
Cuisson : 1 h 40

• 1 kg de rumsteck • 4 cuill. à soupe de farine
• 40 g de beurre • 2 oignons • 25 cl de bouillon de bœuf
• 3 carottes • 3 feuilles de laurier • 2 branches de thym
• 25 cl de bière Guinness® • sel et poivre du moulin

Découpez la viande en morceaux d'environ 2 cm de côté. Mettez la farine dans une assiette et roulez les morceaux de viande dedans.

Faites chauffer la moitié du beurre dans une poêle et saisissez le bœuf à feu vif jusqu'à ce que les morceaux soient bien dorés, pendant environ 5 minutes. Réservez.

Pelez et coupez les oignons, faites-les revenir dans la poêle avec le reste de beurre jusqu'à ce qu'ils deviennent translucides, pendant environ 5 minutes.

Mettez la viande dans une cocotte avec le bouillon de bœuf et mélangez bien, ajoutez les oignons.

Pelez les carottes et coupez-les en rondelles, ajoutez-les à la viande, ainsi que les herbes aromatiques et la bière. Salez et poivrez.

Laissez l'ensemble mijoter à feu doux pendant 1 h 30, sans couvrir.

Servez ce plat avec une purée de pommes de terre.

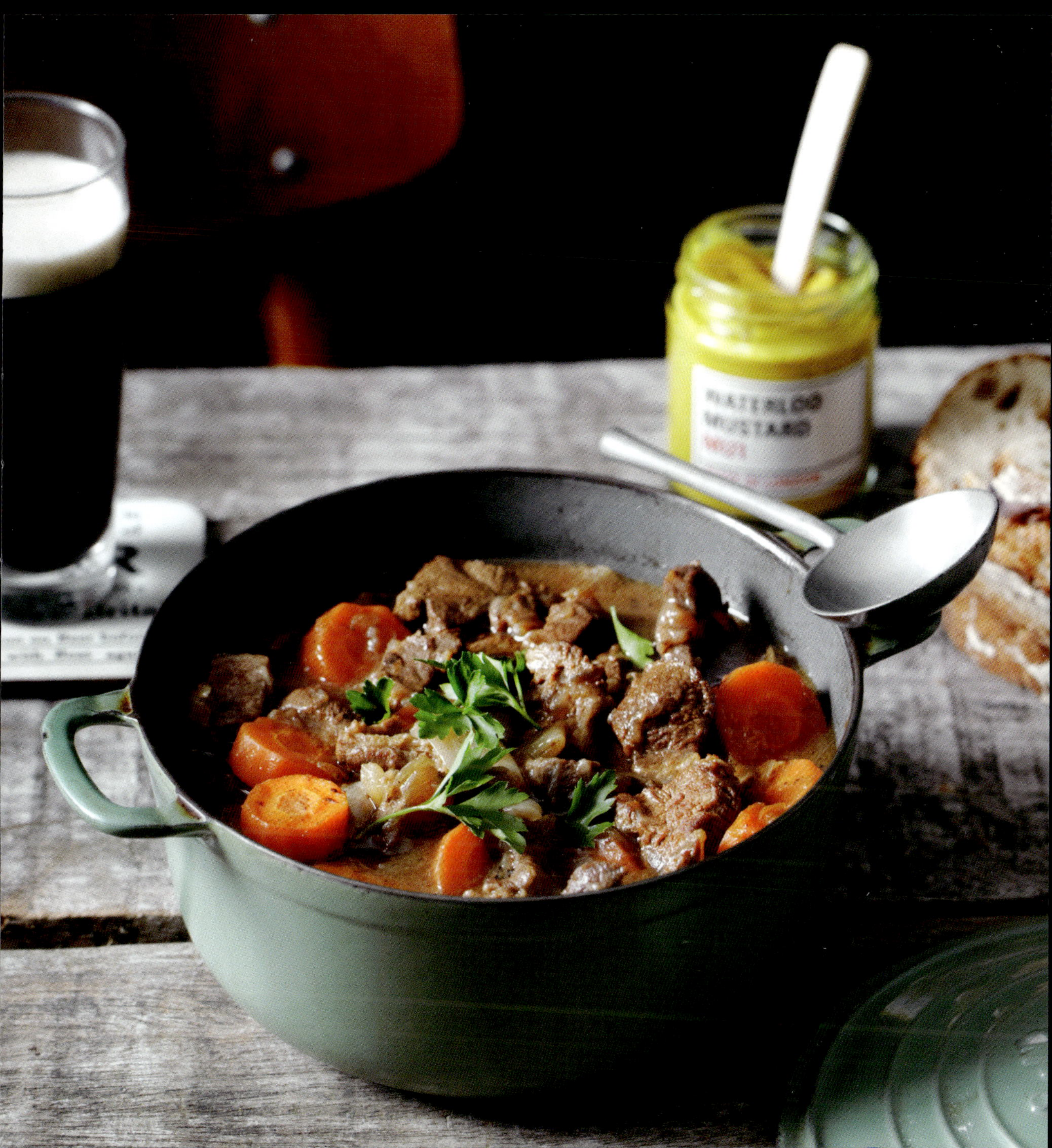

LONDON PARTICULAR

SHEPHERD'S PIE

LONDON PARTICULAR

Pour 4 personnes

Préparation : 10 min
Trempage : 1 h
Cuisson : 1 h 15 environ

- 125 g de pois cassés (au rayon légumes secs des supermarchés ou dans les épiceries bio)
- 8 tranches de poitrine fumée
- 25 g de beurre
- 1 oignon
- 2 carottes
- 1 branche de céleri
- 1,5 l de bouillon de volaille (ou de légumes)
- sauce Worcestershire
- sel et poivre du moulin

Dans un grand bol, mettez les pois cassés et couvrez-les d'eau. Laissez-les tremper au moins 1 heure.

Découpez 5 tranches de poitrine fumée en fines lanières et réservez les autres. Faites fondre le beurre dans une casserole à feu doux et ajoutez les lanières de poitrine fumée. Faites revenir 5 minutes.

Épluchez et émincez l'oignon, épluchez les carottes et coupez-les ainsi que la branche de céleri en dés, puis ajoutez-les dans la casserole. Faites-les revenir en remuant pendant 5 minutes.

Augmentez le feu et ajoutez les pois cassés et le bouillon, portez à ébullition, puis baissez le feu. Couvrez et laissez mijoter pendant 1 heure.

Avant de retirer la soupe du feu, préchauffez le gril du four à 240 °C (therm. 8) et faites griller les tranches de poitrine fumée restantes pendant 3 minutes sur chaque face.

Coupez-les en morceaux et ajoutez-les dans la soupe avec quelques gouttes de sauce Worcestershire. Salez et poivrez.

Cette soupe à base de pois cassés doit son nom à Charles Dickens qui l'a comparée au brouillard londonien (le **London particular,** *ou* **London fog***) dans un de ses romans. Ce plat roboratif était très populaire dans le Londres industrieux du XIX*ᵉ *siècle, où l'usage intensif du charbon alimentait ce fameux brouillard et où les pois cassés étaient plus faciles à trouver que les légumes frais.*

SHEPHERD'S PIE

Pour 4 à 6 personnes

Préparation : 30 min
Cuisson : 1 environ
Repos : 1 h

- 1 carotte
- 2 branches de céleri
- un peu de beurre
- 2 oignons
- 2 gousses d'ail
- 1 petit bouquet de thym
- 2 branches de romarin
- 1 cuill. à soupe de concentré de tomates
- 1 cuill. à soupe de ketchup
- 600 g d'épaule d'agneau désossée
- 1 cuill. à soupe de sauce Worcestershire
- 500 g de pommes de terre bintje
- 1 cuill. à soupe de crème fraîche épaisse
- sel et poivre du moulin

Épluchez et coupez les légumes en petits cubes et faites-les revenir dans une poêle avec du beurre. Ajoutez les oignons émincés et l'ail haché. Effeuillez le thym et le romarin, et ajoutez-les aux légumes, ainsi que le concentré de tomate et le ketchup. Laissez mijoter à feu doux de 15 à 20 minutes.

Hachez la viande et faites-la cuire dans une sauteuse bien chaude avec du beurre, sans trop remuer pour que le jus ne s'évapore pas. Quand la viande est bien revenue, ajoutez-la aux légumes. Assaisonnez avec la sauce Worcestershire, le jus de la viande, du sel et du poivre.

Transférez l'ensemble dans un plat à gratin et mettez au réfrigérateur pendant 1 heure.

Pendant ce temps, préparez la purée de pommes de terre. Pelez et plongez les pommes de terre dans un grand volume d'eau salée et laissez cuire 20 minutes. Testez la cuisson avec la pointe d'un couteau. Égouttez-les et écrasez-les avec un presse-purée ou à la fourchette, ajoutez la crème fraîche, salez et mélangez.

Préchauffez le four à 200 °C (therm. 6-7).

Sortez le plat à gratin du réfrigérateur, recouvrez délicatement le hachis de viande et de légumes avec la purée de pommes de terre. Enfournez pour 20 minutes.

TOAD IN THE HOLE

Pour 4 personnes

Préparation : 15 min
Repos : 30 min
Cuisson : 50 min à 1 h

- 2 cuill. à soupe d'huile d'arachide
- 4 grosses saucisses de porc
- 4 branches de romarin

Pour la pâte :
- 115 g de farine
- 1 pincée de sel
- 2 œufs
- 30 cl de lait entier

Préparez la pâte qui viendra recouvrir les saucisses. Dans un saladier, mélangez la farine et le sel, ajoutez les œufs, versez la moitié du lait et 1 cuillerée à soupe d'eau froide. Fouettez et ajoutez le reste de lait. Laissez la pâte reposer 30 minutes.

Préchauffez le four à 240 °C (therm. 8).

Dans un plat allant au four (pas trop large), mettez un peu d'huile et déposez les saucisses. Enfournez pour 15 minutes en les retournant à mi-cuisson.

Sortez le plat du four et versez la pâte préparée sur les saucisses, puis ajoutez les branches de romarin.

Remettez au four pour 35 à 45 minutes en surveillant la cuisson. Si les saucisses brunissent trop, vous pouvez les couvrir d'une feuille d'aluminium.

Sortez le plat du four quand la pâte est bien gonflée et dorée.

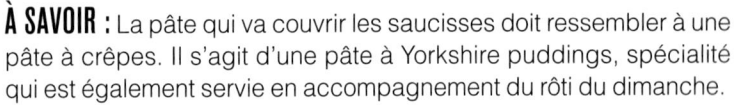

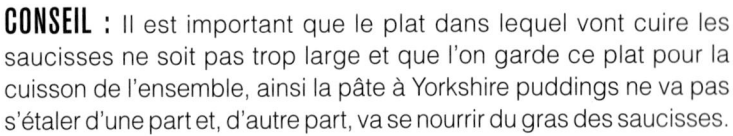

À SAVOIR : La pâte qui va couvrir les saucisses doit ressembler à une pâte à crêpes. Il s'agit d'une pâte à Yorkshire puddings, spécialité qui est également servie en accompagnement du rôti du dimanche.

CONSEIL : Il est important que le plat dans lequel vont cuire les saucisses ne soit pas trop large et que l'on garde ce plat pour la cuisson de l'ensemble, ainsi la pâte à Yorkshire puddings ne va pas s'étaler d'une part et, d'autre part, va se nourrir du gras des saucisses.

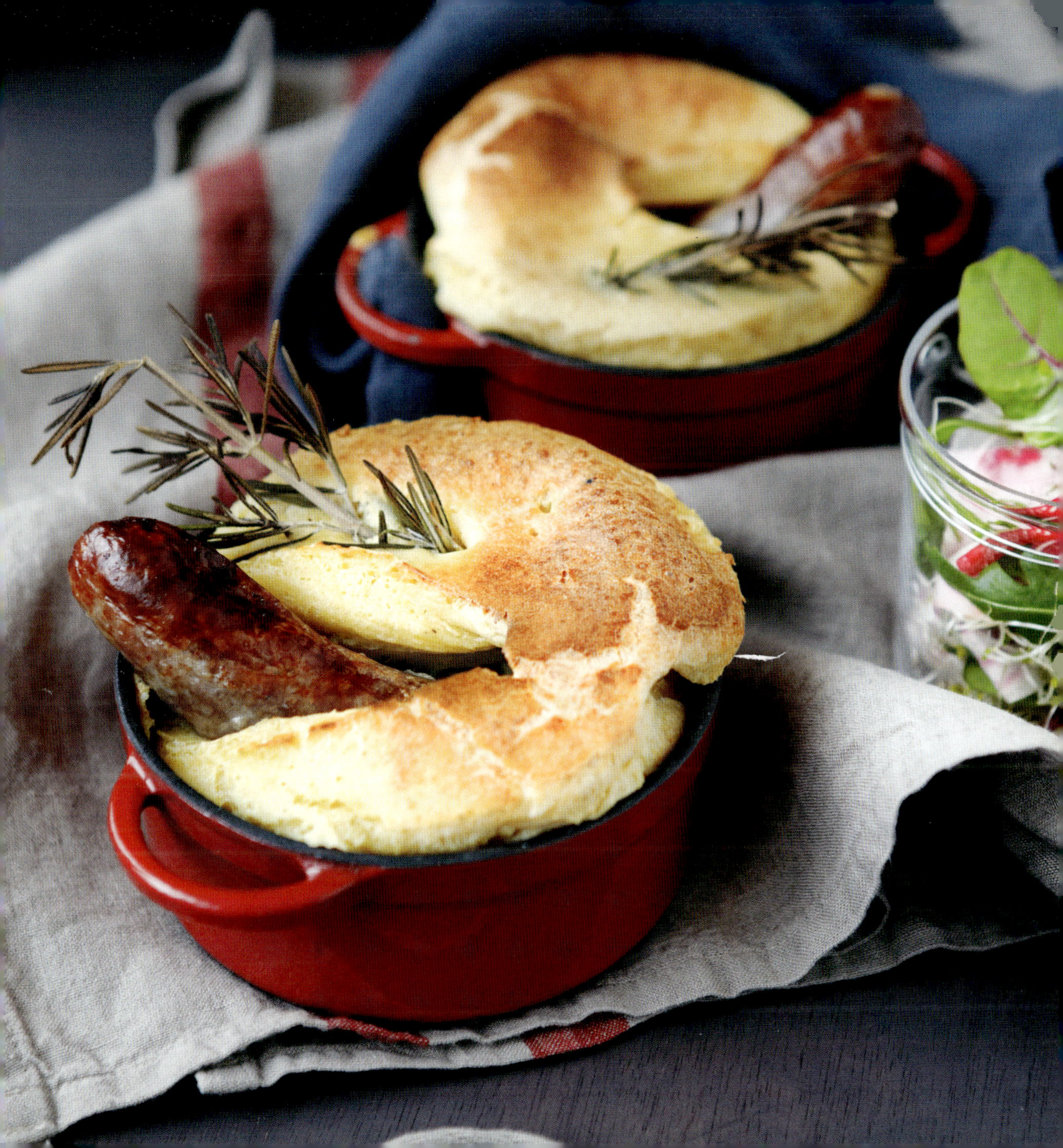

SUNDAY ROAST LAMB,
mint sauce & Yorkshire puddings

Pour 4 à 6 personnes

Préparation : 30 min
Repos : 45 min
Cuisson : 1 h

- 2 cuill. à soupe d'huile d'arachide + un peu pour les moules
- 3 cuill. à soupe de miel
- 1 cuill. à soupe de sauce Worcestershire
- 1 gigot d'agneau d'environ 1,5 kg
- sel est poivre du moulin

Pour les Yorkshire puddings :
- 115 g de farine
- 1/2 cuill. à café de sel
- 2 œufs
- 30 cl de lait entier

Pour la sauce à la menthe :
- 2 bouquets de menthe
- 4 cuill. à soupe d'eau bouillante
- 1 pincée de sel
- 5 cuill. à soupe de vinaigre de vin blanc
- 1 cuill. à café de sucre en poudre

Préchauffez le four à 210 °C (therm. 7).

Préparez la pâte à Yorkshire puddings. Mélangez la farine et le sel dans un saladier, ajoutez les œufs, la moitié du lait et 1 cuillerée à soupe d'eau froide. Fouettez et ajoutez le reste de lait. Laissez reposer 30 minutes.

Dans un bol, mélangez l'huile, le miel et la sauce Worcestershire, salez et poivrez. Recouvrez généreusement l'agneau de ce mélange avec un pinceau. Enfournez pour 40 minutes en le retournant plusieurs fois pendant la cuisson pour qu'il dore uniformément.

Pendant ce temps, préparez la sauce à la menthe. Effeuillez la menthe et hachez les feuilles. Dans un bol, mélangez bien les feuilles hachées avec l'eau bouillante, le sel, le vinaigre et le sucre.

Dans une plaque à muffins, versez un peu d'huile dans chaque moule, puis la pâte à Yorkshire puddings et mettez au four pour 20 minutes.

Une fois le gigot cuit, laissez-le reposer dans le four chaud pendant 15 minutes. Sortez les Yorkshire puddings.

Servez la viande et les Yorkshire puddings chauds, la sauce à la menthe froide, et accompagnez ce repas des légumes de votre choix (pommes de terre, brocolis...).

L'agneau du dimanche est un plat traditionnel qui permet à toute la famille de se réunir, et même si les temps modernes font que les Londoniens mangent beaucoup sur le pouce, cette tradition-là reste bien ancrée dans la culture anglaise. Ce plat est également servi dans la plupart des pubs.

BEST BRITISH CHEESE
WORLD CHEESE AWARDS 2005

GOD SAVE THE QUEEN

TEA TIME
sandwiches

Pour 4 personnes

Préparation : 15 min
Cuisson : 8 min

- 12 tranches de pain de mie
- sel et poivre du moulin

Sandwiches concombre :
- 30 g de fromage frais (type Philadelphia® ou St Môret®)
- 12 tranches fines de concombre

Sandwiches saumon :
- 30 g de fromage frais (type Philadelphia® ou St Môret®)
- 2 grandes tranches de saumon fumé
- 1 cuill. à café de jus de citron vert

Sandwiches œuf-cresson :
- 2 œufs
- 2 cuill. à soupe de mayonnaise
- 1 poignée de cresson

Préparez les mini-sandwiches au concombre. Tartinez 4 tranches de pain de fromage frais. Poivrez légèrement, ajoutez les rondelles fines de concombre sur 2 tranches, refermez les sandwiches avec les 2 autres tranches et coupez en quatre ou en deux pour obtenir des mini-sandwiches.

Préparez les mini-sandwiches au saumon. Tartinez 4 tranches de fromage frais et couvrez 2 de ces tranches avec le saumon fumé, ajoutez le jus de citron vert sur chaque tranche de poisson et refermez avec les 2 autres tranches de pain. Coupez en petits carrés ou en rectangles.

Préparez les mini-sandwiches œuf-cresson. Faites cuire les œufs pendant 8 minutes, passez-les sous l'eau froide et écalez-les. Écrasez-les à la fourchette et mélangez-les dans un bol avec la mayonnaise. Hachez le cresson grossièrement et ajoutez-le au mélange précédent. Salez et poivrez. Tartinez 2 tranches de pain de mie avec cette pâte, fermez avec le pain restant et coupez à votre convenance.

Ces petits sandwiches sont préparés pour être dégustés en une ou deux bouchées pendant le thé de l'après-midi. Le plus typique étant le sandwich au concombre, que l'on trouve dans tous les foyers anglais, comme dans les palaces les plus prestigieux de Londres.

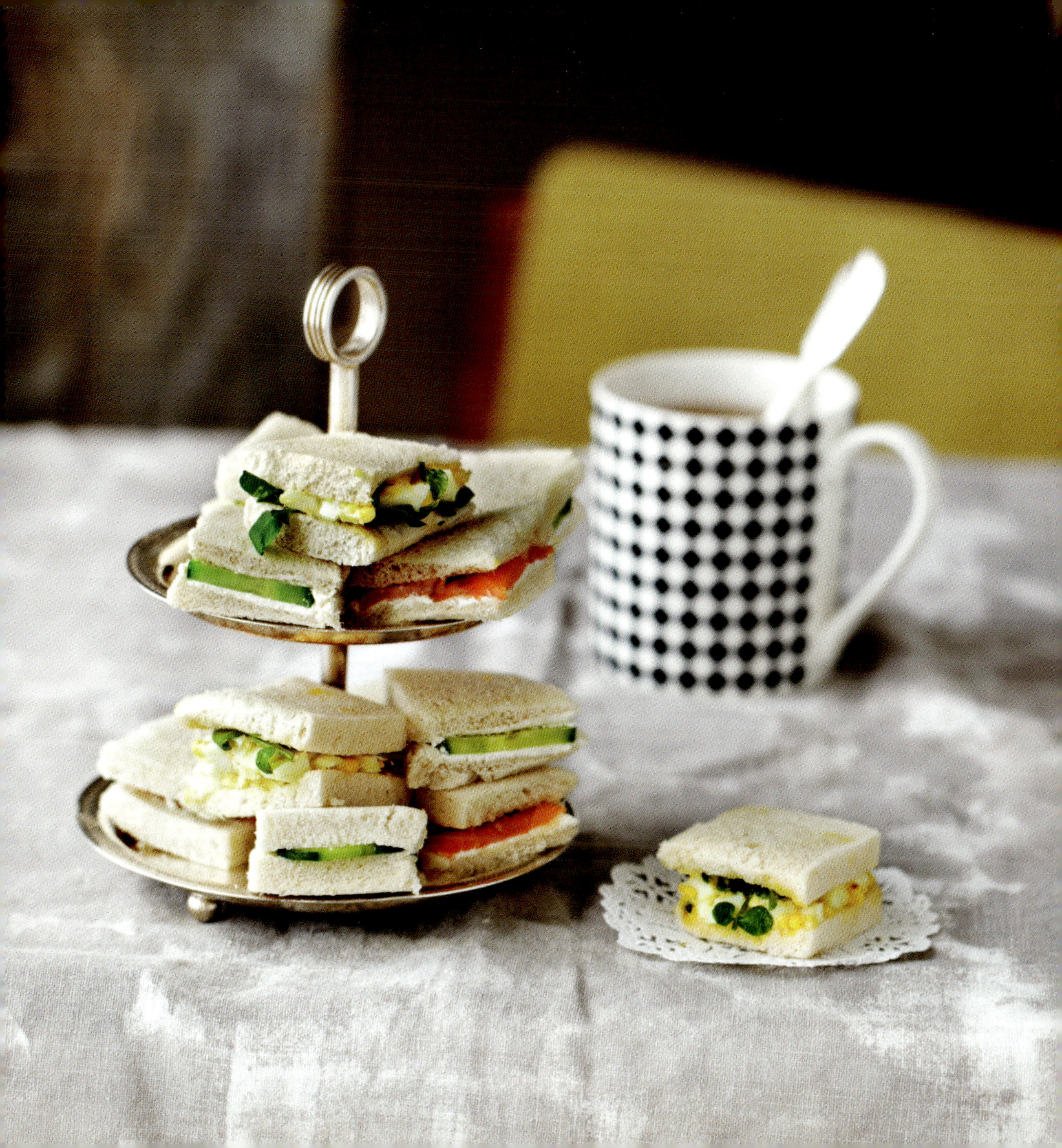

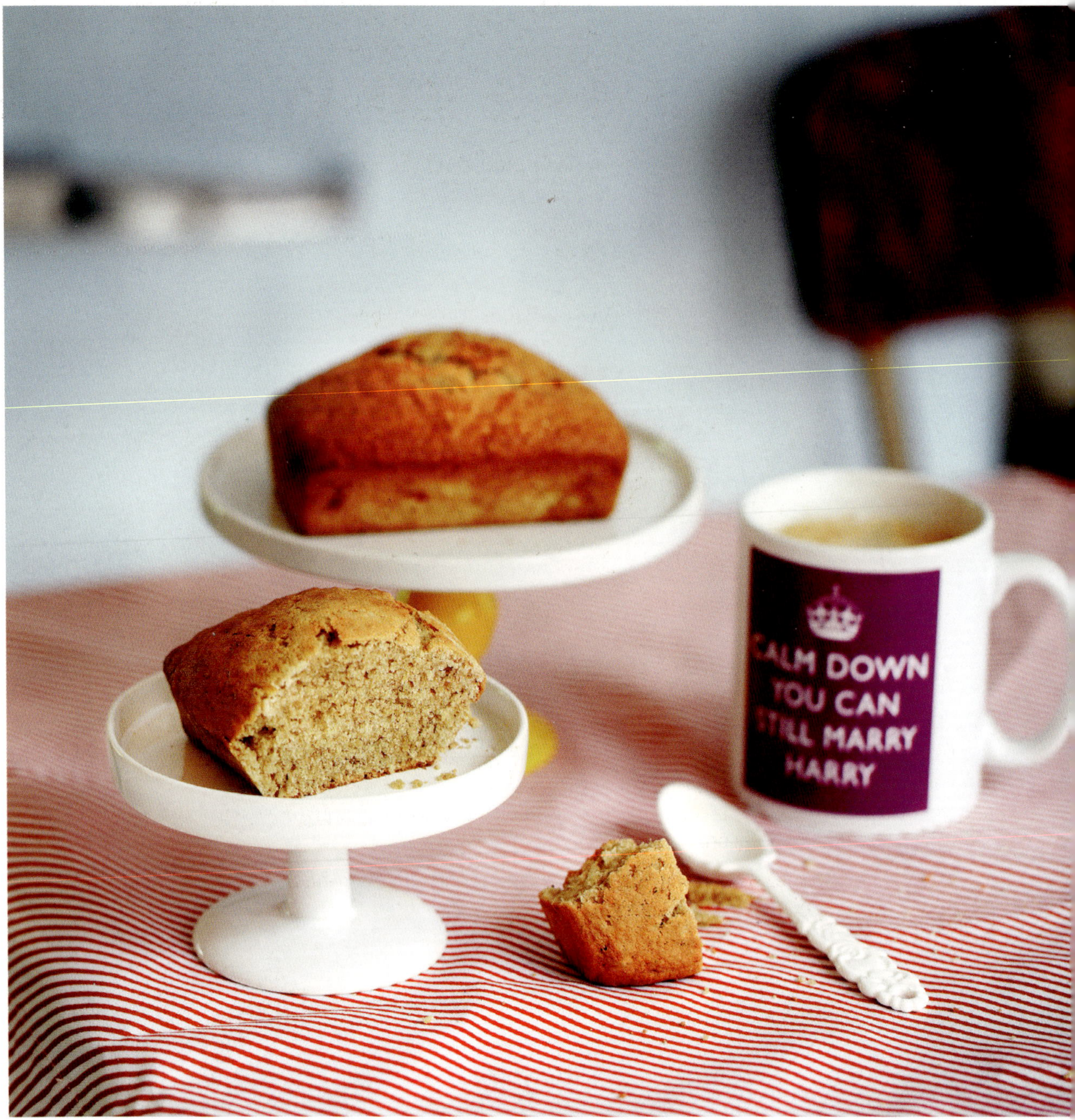
CALM DOWN
YOU CAN
STILL MARRY
HARRY

CAKE À LA BANANE
et au gingembre

Pour 6 personnes

Préparation : 20 min • Cuisson : 1 h

- 115 g de beurre pommade
- 115 g de cassonade • 2 œufs
- 2 grosses bananes • 3 cm de gingembre frais
- 250 g de farine avec levure incorporée
- 1 cuill. à café de gingembre en poudre
- 1 cuill. à café de cannelle en poudre
- 1 pincée de sel

Préchauffez le four à 180 °C (therm. 6).

Dans un saladier, mélangez le beurre et la cassonade. Battez les œufs dans un bol, puis ajoutez-les et mélangez bien. Épluchez et écrasez les bananes, râpez le gingembre frais et incorporez-les à la préparation.

Dans un autre saladier, mélangez la farine avec le gingembre en poudre, la cannelle et le sel. Incorporez ce mélange dans la première préparation en versant la farine en deux ou trois fois, jusqu'à complète incorporation.

Versez dans un moule à cake beurré et enfournez à mi-hauteur pour 1 heure.

SHORTBREADS

Pour 15 biscuits environ

Préparation : 10 min • Cuisson : 15 min

• 175 g de farine • 60 g de sucre en poudre
• 1 pincée de sel • 125 g de beurre mou

Préchauffez le four à 180 °C (therm. 6).

Mettez la farine, le sucre et le sel dans un saladier, ajoutez le beurre en morceaux. Mélangez l'ensemble du bout des doigts pour sabler légèrement la pâte, puis formez une boule.

Étalez la pâte au rouleau sur une épaisseur d'environ 1 cm, sur la plaque du four recouverte de papier sulfurisé. Tracez des lignes verticales et horizontales pour former des rectangles d'environ 7 cm de long sur 2 cm de large.

Enfournez pour 15 minutes, jusqu'à ce que les biscuits soient dorés.

Sortez la plaque du four, laissez refroidir et découpez les shortbreads en suivant les lignes.

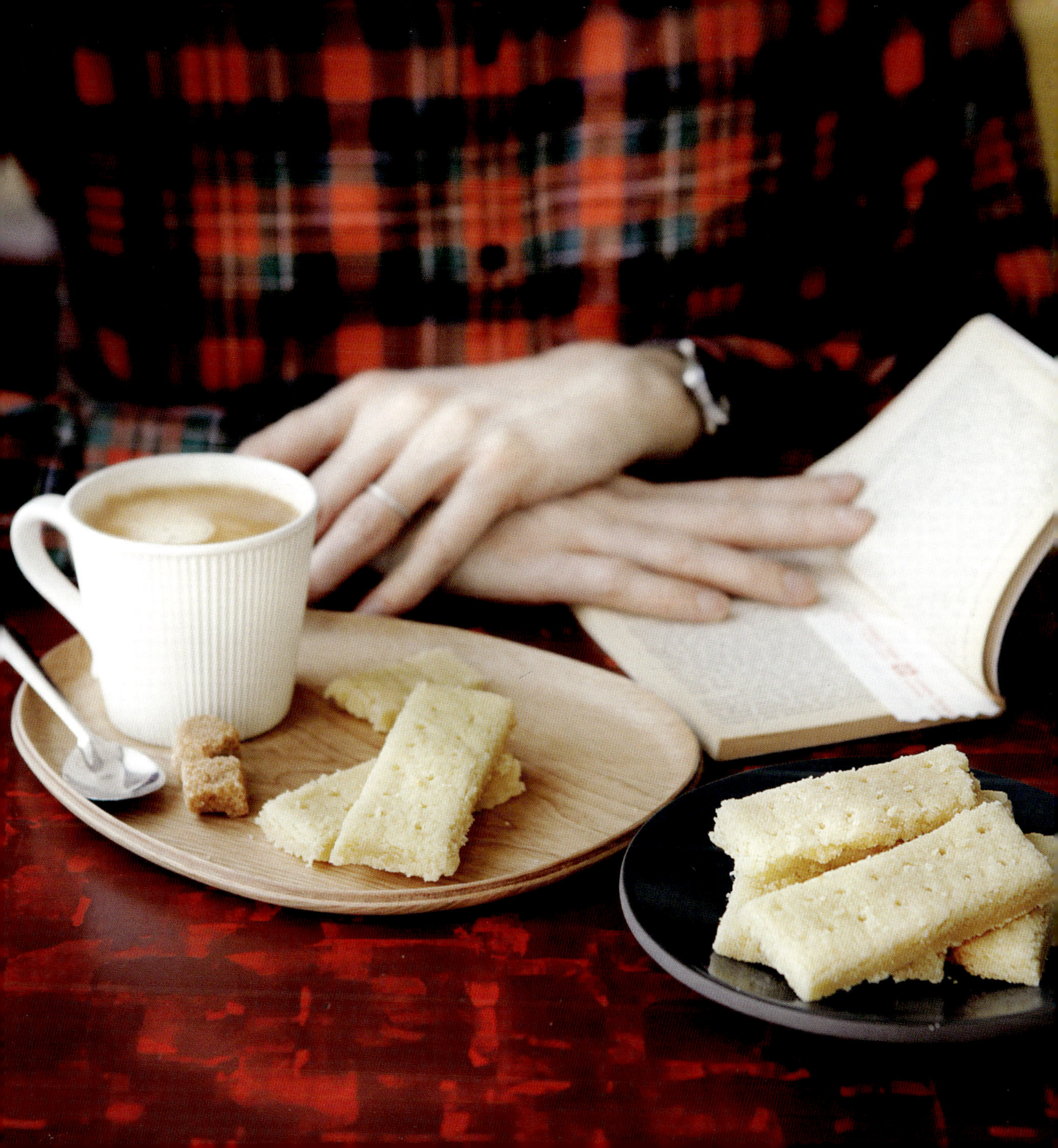

LEMON DRIZZLE
cake

Pour 4 à 6 personnes

Préparation : 20 min
Cuisson : 40 min
Repos : 30 min

- 115 g de sucre en poudre
- 115 g de beurre pommade
- 4 œufs
- 180 g d'amandes en poudre
- 20 g de graines de pavot
- 2 citrons non traités
- 125 g de farine avec levure incorporée

Pour le sirop de citron :
- 8 cl de jus de citron (1 petit citron)
- 100 g de sucre en poudre

Pour le glaçage :
- 1 citron non traité
- 220 g de sucre glace

Préchauffez le four à 180 °C (therm. 6). Beurrez un moule à cake.

Dans un saladier, mélangez au fouet électrique le sucre et le beurre, ajoutez les œufs un par un, les amandes et les graines de pavot. Prélevez le zeste des citrons ainsi que leur jus et ajoutez-les au mélange précédent. Tamisez la farine, ajoutez-la également et mélangez bien. Versez la préparation dans le moule et mettez au four pour 40 minutes, jusqu'à ce que le cake soit bien doré.

Pendant la cuisson, préparez le sirop de citron. Mélangez le jus de citron avec le sucre et mettez sur feu doux pendant 5 minutes pour faire fondre le sucre et obtenir un sirop.

Au sortir du four, faites des petits trous sur le gâteau et versez le sirop dans les trous. Laissez refroidir.

Préparez le glaçage. Prélevez le zeste et le jus du citron et mélangez-les au sucre glace.

Quand le cake est presque froid, faites couler le glaçage dessus en commençant par le milieu. Laissez durcir le glaçage 30 minutes à température ambiante.

CONSEIL : Le glaçage est assez liquide, il est conseillé de poser le gâteau sur une grille pour le couvrir.

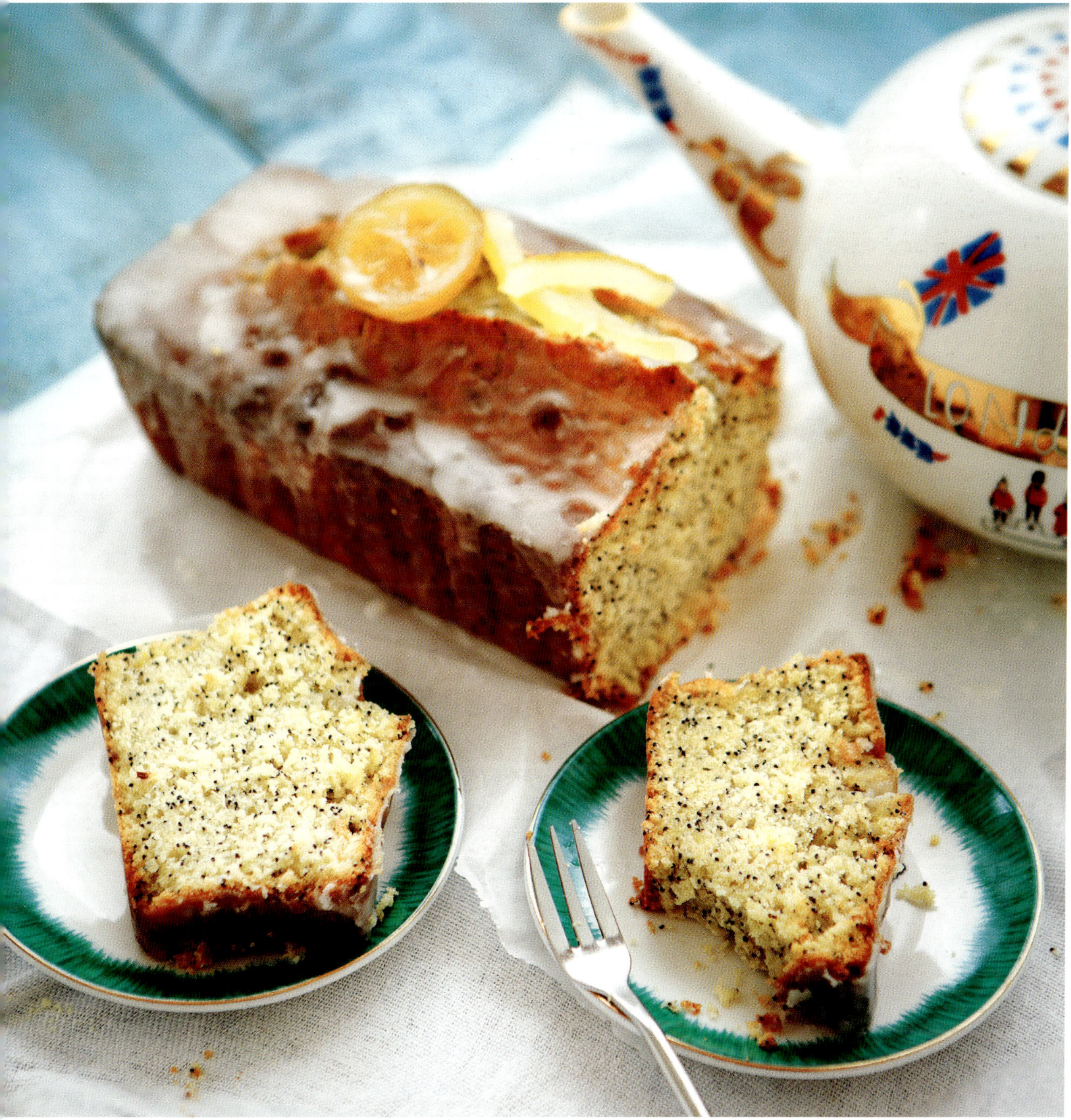

*Ces cupcakes sont une variante du fameux
Victoria sponge cake qui était le gâteau
préféré de ladite reine à l'heure du thé.*

VICTORIA SPONGE CUPCAKES

Pour 10 cupcakes

Préparation : 20 min
Cuisson : 20 min
Repos : 15 min

- 250 g de beurre mou
- 250 g de cassonade
- 4 gros œufs
- 250 g de farine avec levure incorporée
- 4 cuill. à soupe de confiture de framboises
- crème Chantilly (facultatif)
- quelques fraises (facultatif)

Pour la crème à la vanille :
- 15 cl de crème fraîche épaisse
- 1/2 gousse de vanille
- 2 cuill. à café de sucre en poudre

Préchauffez le four à 190 °C (therm. 6-7).

Battez le beurre et la cassonade en crème. Incorporez les œufs l'un après l'autre, en mélangeant bien entre chaque œuf. Ajoutez la farine.

Répartissez la pâte dans des moules à cupcakes en papier (ou en silicone) en les remplissant suffisamment pour que les gâteaux puissent être coupés en deux après la cuisson.

Enfournez pour 20 minutes, le temps que la génoise gonfle et dore. Démoulez les cupcakes et posez-les sur une grille pour qu'ils refroidissent complètement.

Préparez la crème à la vanille. Dans un saladier, fouettez la crème fraîche. Coupez la demi-gousse de vanille en deux et grattez les grains avec une pointe de couteau. Mélangez la crème avec les grains de vanille et le sucre jusqu'à ce que le mélange soit ferme.

Coupez les cupcakes en deux dans le sens de la longueur. Étalez la confiture sur la partie du bas, puis la crème à la vanille, recouvrez avec la seconde partie du gâteau. Mettez dans des caissettes en papier.

Ajoutez éventuellement de la crème Chantilly et des morceaux de fraises sur le dessus des cupcakes.

CARROT CAKE

Pour 4 à 6 personnes

Préparation : 20 min
Cuisson : 45 min

- 2 gros œufs
- 115 g de sucre en poudre
- 15 cl d'huile de tournesol
- 5 carottes moyennes (ou 500 g)
- 150 g de farine
- 1/2 cuill. à café de levure chimique
- 1 bonne pincée de sel
- 80 g de noix

Pour le glaçage :
- 60 g de beurre mou
- 100 g de fromage frais (de type Carré frais® ou Philadelphia®)
- 40 g de sucre glace
- le zeste de 1 orange non traitée

Préchauffez le four à 180 °C (therm. 6).

Dans un saladier, battez les œufs et le sucre jusqu'à obtention d'une consistance mousseuse, incorporez l'huile et battez de nouveau la préparation. Râpez les carottes finement et ajoutez-les.

Tamisez la farine au-dessus d'un saladier, ajoutez la levure et le sel. Décortiquez et mixez les noix, puis ajoutez-les. Ajoutez ces ingrédients au mélange précédent.

Beurrez un moule et farinez-le. Versez la préparation et enfournez pour 45 minutes.

Pendant ce temps, préparez le glaçage. Battez le beurre et le fromage frais, ajoutez le sucre glace et le zeste d'orange.

Au sortir du four, attendez que le gâteau refroidisse avant de le démouler et surtout avant d'y étaler le glaçage qui doit rester épais (si le gâteau est encore chaud, le beurre et le fromage frais se liquéfieront).

Le carrot pudding, ancêtre du carrot cake actuel, est né au Moyen Âge alors que le sucre était un ingrédient très onéreux auquel on chercha un substitut. Ainsi, les carottes, naturellement sucrées, devinrent l'ingrédient principal de ce gâteau original. Durant la Seconde Guerre mondiale, le rationnement du sucre contribua à nouveau au succès du carrot cake toujours très apprécié par les Anglais.

ETON MESS

Pour 4 personnes

Préparation : 10 min

• 500 g de fraises (ou de fruits rouges) • 50 g de sucre en poudre
• 40 cl de crème liquide très froide
• 1 meringue achetée chez le boulanger

Lavez et égouttez les fraises, disposez-les sur du papier absorbant. Équeutez-les et coupez-les en morceaux. Saupoudrez-les de la moitié du sucre et réservez-les.

Dans un bol, fouettez la crème au fouet électrique. Ajoutez le reste de sucre et continuez de fouetter jusqu'à ce que le mélange soit bien ferme.

Servez dans des ramequins en mélangeant légèrement la crème, les fraises et la meringue en brisures.

Итон месс

BAKEWELL TART

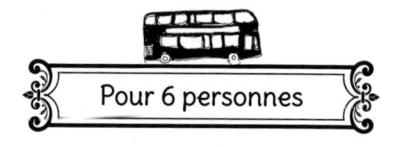

Pour 6 personnes

Préparation : 20 min • Repos : 1 h • Cuisson : 55 min

- 1 rouleau de pâte brisée prête à l'emploi
- 250 g de confiture de fraises • 40 g d'amandes effilées
- cerises confites (facultatif)

Pour la frangipane :
- 150 g de beurre mou • 150 g de sucre en poudre
- 3 gros œufs • 150 g d'amandes en poudre

Pour le glaçage :
- 150 g de sucre glace • le jus de 1/2 citron

Préparez la frangipane. Dans un saladier, battez le beurre et le sucre jusqu'à ce que le mélange blanchisse et devienne crémeux. Ajoutez les œufs et les amandes, et fouettez. Réservez au frais pendant 30 minutes.

Préchauffez le four à 180 °C (therm. 6).

Étalez la pâte dans un moule et tapissez-la de papier sulfurisé. Couvrez de légumes secs et faites cuire à blanc 10 minutes. Ôtez les légumes secs et le papier avant de remettre au four pour 5 minutes.

Laissez refroidir et étalez la confiture sur le fond de tarte. Versez la frangipane sur la confiture. Égalisez bien la surface avec le dos d'une cuillère et remettez au four pour 40 minutes. Laissez refroidir.

Préparez le glaçage. Mélangez le sucre glace et le jus de citron.

Recouvrez la tarte du glaçage. Laissez durcir 30 minutes et décorez avec des cerises confites, si vous le souhaitez.

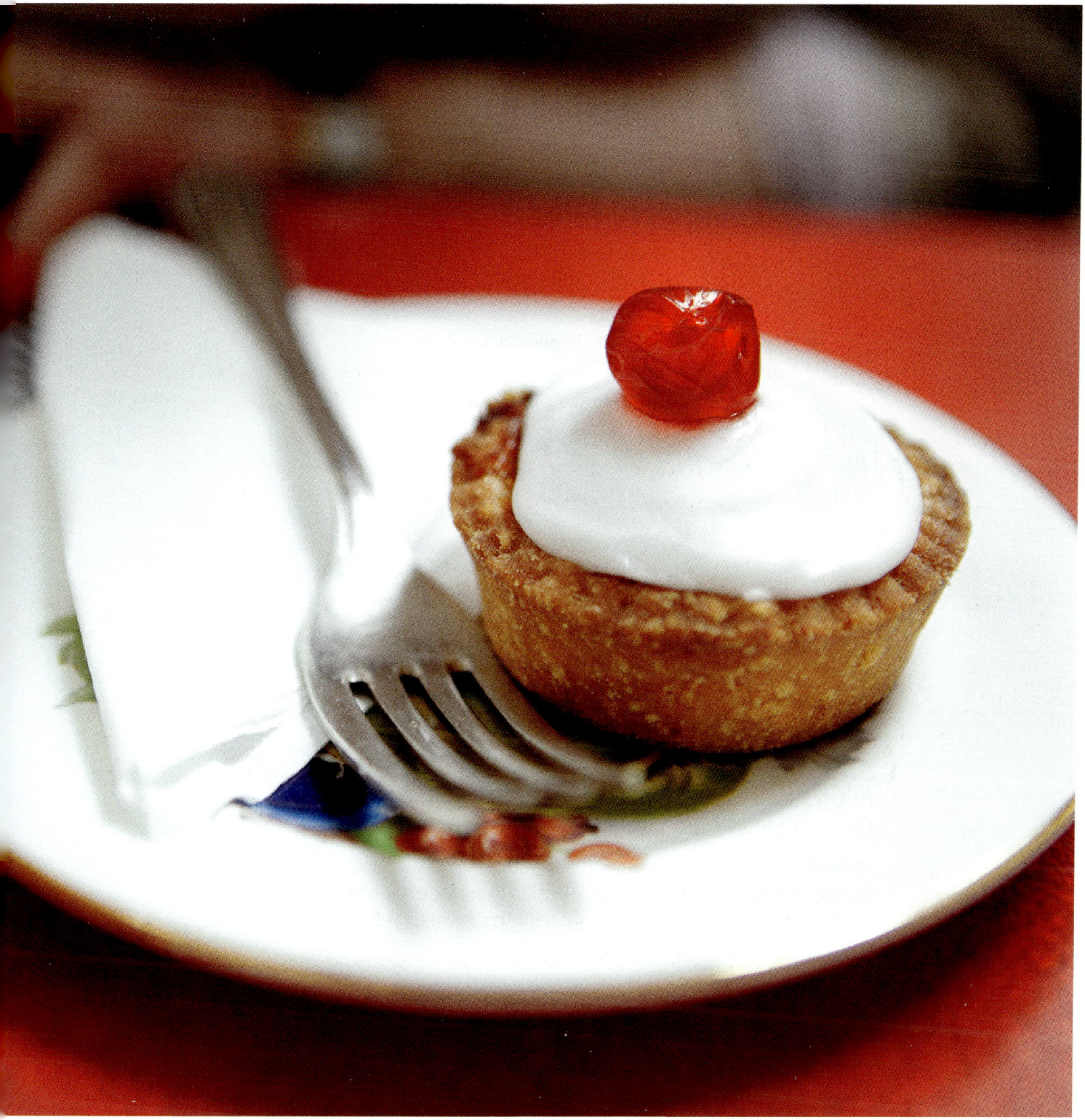

TRIFLE

Pour 4 personnes

Préparation : 1 h
Cuisson : 20 min
Repos : 3 h

- 75 g de fruits rouges de votre choix (fraises, framboises, myrtilles)
- vermicelles multicolores

Pour la génoise :
- 100 g de beurre mou
- 100 g de cassonade
- 2 œufs
- 100 g de farine avec levure incorporée

Pour la jelly :
- 1/2 l de jus de fruit de votre choix (fraise, orange, cranberry...)
- 1/2 cuill. à café d'agar-agar

Pour la crème anglaise :
- 3 jaunes d'œufs
- 25 g de sucre en poudre
- 25 cl de lait entier
- 1 gousse de vanille

Pour la crème fouettée :
- 20 cl de crème liquide très froide
- 1 ou 2 cuill. à soupe de sucre en poudre

Préchauffez le four à 190 °C (therm. 6-7).

Préparez la génoise. Dans un saladier, mélangez le beurre, la cassonade et les œufs, puis ajoutez la farine. Versez ce mélange dans un plat beurré et enfournez pour 20 minutes. Sortez du four et laissez refroidir.

Préparez la jelly. Faites chauffer à feu doux le jus de fruit, ajoutez l'agar-agar en pluie et mélangez 1 ou 2 minutes, toujours sur feu doux. Retirez du feu et laissez refroidir.

Préparez la crème anglaise. Dans un saladier, fouettez les jaunes d'œufs et le sucre. Mettez le lait sur feu doux sans le faire bouillir avec la gousse de vanille fendue en deux. Verser sur le mélange précédent sans trop fouetter, puis reversez dans la casserole. Faites épaissir le mélange sur feu doux, en remuant constamment avec une cuillère en bois. Retirez du feu et laissez refroidir.

Montez le trifle. Commencez par disposer des morceaux de génoise au fond de coupes individuelles ou d'un grand bol en verre. Lavez et coupez les fruits rouges en morceaux, puis placez-les sur la génoise et versez ensuite la jelly bien froide.

Mettez au réfrigérateur au moins 2 heures pour que la gelée prenne bien. Versez ensuite la crème anglaise froide et laissez de nouveau 1 heure au frais.

Préparez la crème fouettée. Fouettez la crème dans un bol. Ajoutez le sucre dès qu'elle commence à épaissir. Mettez la crème dans une poche à douille et répartissez-la sur le trifle. Saupoudrez éventuellement de vermicelles.

CONSEIL : Le trifle peut être dégusté tout de suite, mais il est meilleur lorsqu'il a bien reposé au réfrigérateur, l'idéal étant de le préparer la veille.

Le trifle est un dessert à couches qui peut donner lieu à des dizaines de variantes… L'esprit est de mélanger un biscuit, des fruits, de la crème anglaise et d'en faire un gâteau léger (en apparence) et frais. Ici, une version sans alcool, pour les enfants, avec la célèbre jelly (que vous pouvez aussi trouver sous forme de cubes à dissoudre dans certains supermarchés ou épiceries qui vendent des produits anglais).

PIMM'S CUP

Pour 1 verre

Préparation : 5 min

- 4 cl de Pimm's N°1® (chez un caviste ou sur Internet)
- 1 cuill. à café de triple sec (Cointreau® ou Grand Marnier®)
- le jus de 1 citron vert
- 1 cuill. à café de sirop de sucre
- 10 cl de limonade
- 1 rondelle de concombre pour décorer

Versez les ingrédients dans l'ordre directement dans un grand verre rempli de glaçons. Mélangez doucement et ajoutez la rondelle de concombre en décoration.

Ce cocktail, créé en 1840 par James Pimm, était à l'origine servi dans une tasse (cup). La base du cocktail était une création à part entière puisqu'il s'agissait d'un mélange de gin et d'herbes aromatiques… Il a eu tant de succès qu'il fut commercialisé en bouteille sous le nom de Pimm's N°1® dès 1859.

REMERCIEMENTS

Merci à notre amie Céline Delamour pour son aide précieuse sur ce livre et à sa "lovely cousin", Giorgina. Merci à Coralie Benoit, Catherine Maillet et Emmanuel Chaspoul de nous avoir fait confiance, à Valéry Drouet de nous avoir mis le pied à l'étrier, à Jean Pain pour sa table en formica, et surtout merci à nos enfants et maris d'avoir bien voulu tester les recettes les yeux fermés.

Direction de la publication : **Isabelle Jeuge-Maynart** et **Ghislaine Stora**
Direction éditoriale : **Catherine Maillet**
Édition : **Coralie Benoit** avec la collaboration de **Laurence Alvado** et d'**Amandine Brouard**
Direction artistique : **Emmanuel Chaspoul**
Conception graphique et mise en page : **Stéphanie Boulay**
Couverture : **Émilie Laudrin**
Fabrication : **Anne Raynaud**
Illustrations : **Tiphaine Birotheau**

Toute reproduction ou représentation intégrale ou partielle, par quelque procédé que ce soit, du texte et/ou de la nomenclature contenus dans le présent ouvrage, et qui sont la propriété de l'Éditeur, est strictement interdite.

Les Éditions Larousse utilisent des papiers composés de fibres naturelles, renouvelables, recyclables et fabriquées à partir de bois issus de forêts qui adoptent un système d'aménagement durable. En outre, les Éditions Larousse attendent de leurs fournisseurs de papier qu'ils s'inscrivent dans une démarche de certification environnementale reconnue.

ISBN : 978-2-03-589161-7
© Éditions Larousse 2013

Photogravure IGS-CP, 16 l'Isle d'Espagnac
Imprimé en Espagne par Graficas Estella, Estella

Dépôt légal : août 2013
311286/01 - 11021854 (juillet 2013)